consuelo
EN TIEMPOS
DE PRUEBA

D1571060

J.C. BRUMFIELD

consuelo
EN TIEMPOS
DE PRUEBA

GRUPO NELSON
Una división de Thomas Nelson Publishers
Desde 1798

NASHVILLE DALLAS MÉXICO DF. RÍO DE JANEIRO BEIJING

El gozo y la victoria son posibles para los hijos de Dios, aun en medio del fuego de la prueba y el sufrimiento.

El hijo de Dios puede tener la perfecta paz que sobrepasa todo entendimiento humano, incluso en la enfermedad y la pobreza, la persecución y la prueba, el abuso y la traición, la pena y la desilusión.

Dedicamos este libro a los santos en aflicción, orando humildemente porque Su consuelo sea una preciosa realidad.

© 2009 por Grupo Nelson®
Publicado en Nashville, Tennessee, Estados Unidos de América.
Grupo Nelson, Inc. es una subsidiaria que pertenece
completamente a Thomas Nelson, Inc.
Grupo Nelson es una marca registrada de Thomas Nelson, Inc.
www.gruponelson.com

Título en inglés: *Comfort for Troubled Christians*
© 1961 por The Moody Bible Institute of Chicago
Publicado en Estados Unidos por Moody Publishers
820 N. LaSalle Boulevard
Chicago, IL 60610
www.moodypublishers.com
Traducido con permiso.

Traducción y adaptación del diseño al español: Grupo Nivel Uno, Inc.

ISBN: 978-1-60255-356-9

Impreso en Estados Unidos de América

09 10 11 12 13 BTY 9 8 7 6 5 4 3 2 1

CONSUELO *en* TIEMPOS DE PRUEBA

El fuego y el agua, desde el principio de los tiempos, han sido dos de las necesidades más elementales del ser humano. No se puede vivir sin esos elementos, sin embargo pueden convertirse en nuestros peores enemigos.

En el sur de California, un incendio forestal recientemente destrozó docenas de casas muy bellas y costosas. Mientras las personas se preparaban para las tareas de limpieza y reconstrucción, un nuevo peligro acechaba: el agua. El valioso conducto de agua del lugar había quedado destruido y las lluvias inminentes del invierno representaban un peligro peor que el del fuego.

¿Hay algo más peligroso que el fuego y el agua? Al describir las pruebas de los santos Dios utiliza estos términos: «Has enviado la caballería a pisotear nuestros cuerpos quebrantados; por incendio y por inundación hemos pasado. Pero al final nos has dado gran abundancia» (Salmo 66.12). La palabra *abundancia* significa plenitud, un lugar espacioso, recuperación, descanso. Dios describe las pruebas, problemas y aflicciones de Sus hijos como «fuego y agua», indicando la severidad de los riesgos. Al principio podríamos verlo como algo desalentador, pero en las palabras «hemos pasado» encontramos gozo, victoria y consuelo.

El cristiano jamás queda sumergido en la inundación, ni le consume el fuego. Siempre puede «pasarlos». Incluso al final de la vida, el salmista declaró: «Aun cuando atraviese el negro valle de la muerte» (Salmo 23.4). Estas metáforas no se refieren necesariamente a diferentes tipos de aflicción, nos enseñan una misma verdad en cuanto a la mano de Dios que está sobre nosotros. Veamos ahora el fuego como prueba.

Presencia de Dios en nuestra Prueba de Fuego

Job comparó su aflicción con el ser echado en un «horno de fundición». «Mas él conoce mi camino; Me probará, y saldré como oro». (Job 23.10 RVR 1960). Hay aquí palabras de triunfo «saldré» («del fuego»). Testificar después de haber pasado por el fuego es una cosa, pero Job está todavía en el horno de fundición, donde hace calor y sus llagas producen oleadas de dolor en todo su cuerpo, en tanto la fiebre reseca sus labios y se rasca las costras de sus ampollas con trozos de vasijas. Le duele la cabeza y sus amigos lo acusan falsamente, pero logra ver más allá de esa prueba de fuego y grita con fe vibrante y segura: «Saldré».

Job se veía como «oro» dentro del horno. David veía a los hijos de Dios «como plata» refinada en el fuego. «Nos has puesto a prueba, nos has purificado, oh Señor, como a plata en el crisol» (Salmo 66.10). Malaquías une ambos metales para explicar la forma en que Dios nos reprende: «...los refinará como se refina el oro o la plata» (Malaquías 3.3). ¿Por qué? La respuesta está aquí: «y traerán a Jehová ofrenda en justicia».

El método divino es el fuego.

El motivo divino es «purgar» y «purificar».

El objetivo divino es nuestra «justicia».

Hay cinco lecciones que podemos y debemos aprender a partir de este proceso de purga y refinación.

A Dios le importa

«Como un refinador de plata se sentará y verá cómo se quema lo malo de su pueblo. Purificará a los levitas, los ministros de Dios, y los refinará como se refina el oro o la plata, a fin de que se dediquen a las cosas de Dios con limpio corazón» (Malaquías 3.3). Jamás permita que Satanás le inyecte en su mente duda alguna respecto al amor de Dios por usted. Satanás querrá aprovechar su prueba y su dolor de hoy para susurrarle al oído que «a Dios no le importa». Sin embargo, sí le importa: usted es tan precioso a Sus ojos que Su interés por usted sólo puede expresarse en términos de «oro y plata». Si el oro y la plata le son preciosos al que refina el metal, cuánto más preciosos hemos de ser nosotros para Dios. Él pagó un precio mucho más alto que «oro y plata» por nuestra redención. Le costó la sangre de Su Hijo unigénito. En comparación, Dios hace referencia al «oro y la plata» como corruptibles (1 Pedro 1.18). Dios lo dio todo, todo lo que tenía, la sangre de propiciación de Su precioso Hijo, por comprar nuestra redención.

¡Qué gran consuelo es este! Somos Su más preciada posesión y Él no permitirá que nada nos dañe. Eso que le ha sucedido es Su forma de aumentar el valor de Su preciosa propiedad. Sólo puede lograrse este mayor valor si se aumenta la belleza y la pureza. Piense que si fuéramos objetos sin valor alguno jamás conoceríamos el calor del fuego que refina, ni el toque de Su hábil mano. Amado, la próxima vez que sienta el calor de una prueba de fuego, dé gracias a Dios. Esta prueba es evidencia de que es precioso a los ojos de Dios. Es hijo o hija de Dios, comprado con sangre y le pertenece. Tenga por seguro que a Dios le importan los suyos.

Él purifica

«Purificará a los levitas (Malaquías 3.3). Todo cristiano que se haya acercado al Señor sabe algo del pecado de su corazón y la impureza de su vida. Cuanto más cerca de Él estamos, tanto más conscientes somos de nuestra condición de pecadores, de nuestra poca valía.

Pablo lo llama «vieja naturaleza» (Romanos 7) y «cuerpo de muerte». Es el yo en nuestras vidas, lo carnal, lo impuro, que arrastramos como un peso que nos impide avanzar por el camino cristiano. La purificación es un medio divino de responder a nuestra oración por ser puros. ¿No le pidió a Dios que le purificara? Él respondió haciéndole pasar por el fuego. Le purifica como lo hace el que «refina y purifica la plata». Las impurezas de su vida se queman en el fuego de la aflicción.

Dedique tan solo un momento a la reflexión solemne. ¿Qué «impurezas» de su vida necesita purgar? Puede ser la arrogancia, el orgullo, el querer que le elogien, que le presten atención, el querer que se haga su voluntad, la obstinación, el espíritu que no quiere dejarse enseñar, la mezquindad, la inmadurez, los celos, la ira, la impaciencia, el amor por el dinero, el egoísmo o la falta de perdón. Todas esas «impurezas» apenan al Espíritu Santo que habita en nosotros y, por lo tanto, necesitamos que se nos «purgue» y «refine». Eso significa que tendremos que pasar por el fuego, pero allí hay algo que consuela. El que refina tiene un propósito, que no es destruir su precioso oro ni su valiosa plata, sino que se consuman las impurezas para que surja la belleza y la pureza del oro. El fuego no puede destruir al oro. Sólo lo derrite. ¡Oh, cuánto necesitamos derretirnos ante Dios! Porque cuando se derrite el oro, las impurezas salen a la superficie y para el refinador entonces es fácil colarlas o quitarlas. ¿Cuánto tiempo hace que el fuego le derritió?

Los tres hebreos que no cederían ni negociarían su fe, fueron echados en el horno de Nabucodonosor (Daniel 3). Lo habían calentado siete veces más de lo usual. Notemos que entraron al horno con la ropa puesta y atados, para que no escaparan. Sin embargo, cuando salieron hubo tres aspectos notables: no se había chamuscado ni un solo cabello de sus cabezas y, más aun, el fuego había quemado sus ataduras. Lo más maravilloso, sin embargo, fue que el Señor había caminado con ellos en medio del fuego.

Las mismas tres cosas suceden con el cristiano que pasa por la prueba de fuego.

1. Ante todo, el fuego no le daña. ¿Puede decirme en qué le ha lastimado la obra refinadora de Dios? Oh, no hablo de que no le haya dolido. Pero ese dolor, siempre es para bien nuestro.

2. En segundo lugar, el fuego libera al cristiano de los grilletes de la carnalidad que le eran impedimento. Los cristianos más radiantes son los que más han sufrido.

3. En tercer lugar, la presencia de Dios es muy real y preciosa en medio del fuego.

La próxima vez que sienta el calor del fuego de la aflicción, agradézcale a Dios porque no le consume, sino que sólo quema las «impurezas» de su vida, por lo que «*saldrá del fuego*» purificado y limpio.

Él consuela

«Como un refinador de plata se sentará...» (Malaquías 3.3). Esta es una imagen bellísima, consoladora. El que refina el metal precioso no le abandona. Se queda allí y observa con atención. Observa esperando ese momento en que el calor sea suficiente como para quemar las impurezas y dejar al metal en perfecto estado. Sabe muy bien cuánto calor y cuánto tiempo aplicar.

¿Ha sentido que quería gritar: «Ya no puedo más» o «Esto es más de lo que puedo soportar»? No, mi amigo, No es más de lo que pueda soportar. Recuerde que «Él se sentará junto al fuego». Él lo sabe. Así que puede soportarlo. En momentos como ese, recuerde Su promesa de 1 Corintios 10.13: «pueden estar confiados en la fidelidad de Dios» [se sentará junto al fuego] «que no dejará que la tentación» [probados] de lo que puedan resistir» [prueba]. «Dios les mostrará la manera de *resistir* la tentación y escapar de ella». No olvide nunca su promesa «Debe bastarte mi amor. Mi poder se manifiesta más cuando la gente es débil» (2 Corintios 12.9).

En la preparación de este estudio de la Biblia encontré ayuda e inspiración en el libro de David Kirk, *The mystery of divine chastening* [El misterio de la disciplina divina], que cuenta la historia de dos mártires cristianos durante la Reforma. Uno era un santo experimentado, Latimer. El otro era un creyente joven, Riley. Ambos fueron condenados a morir en la hoguera. La noche antes de la ejecución, el joven Riley estaba muy nervioso y angustiado. Miraba, desde detrás de las rejas de su calabozo, y veía la gente que apilaba leña preparando el lugar de la ejecución. En medio del pánico intentó encender una vela, pero se quemó el dedo. La quemadura le hizo pensar en la agonía que sufriría ante el destino que le esperaba, por lo que gritó: «No puedo soportarlo. No puedo». Su compañero, más maduro y experto, puso la mano sobre el hombre del joven y le dijo: «Amigo, Dios no te pidió que te quemaras el dedo, así que Él no te da Su gracia para que hoy lo soportes. Pero mañana, cuando llegue el momento, te dará la gracia suficiente».

La mañana siguiente llevaron a ambos hasta la hoguera, los dos exhibían una sonrisa triunfante. Sus corazones estaban en perfecta paz. Cuando las llamas rodeaban sus cuerpos, de en medio del fuego surgieron sus voces vibrantes, unidas en victorioso cántico de alabanza. Sí, amigos. Dios nos da gracia para todo aquello a lo que nos llame, aun si se trata de algo que creemos insoportable.

Leí hace poco sobre un tren que viajaba en la noche, en medio de una tormenta muy violenta. Los rayos alumbraban la oscuridad y la lluvia golpeaba con sus ráfagas las ventanas del tren. El agua amenazaba con inundar las vías y los pasajeros sentían terror. En tal confusión, una niñita parecía estar en perfecta paz. Los pasajeros se asombraron ante la inusual calma de la pequeña hasta que al fin, un hombre le preguntó: «¿Cómo puede ser que estés tan tranquila cuando todos los demás tenemos tanto miedo?» Y la niña sonrió dulcemente, diciendo: «Es que mi padre es el maquinista del tren».

¿Por qué no inclina ahora mismo su cabeza y le da gracias a Dios porque su Padre celestial es quien controla el tren? El fuego está controlado. No enviará más de lo que pueda soportar y ante cada tentación, le brindará una vía de escape.

Él está al mando

«Como un refinador de plata se sentará... y los refinará como se refina el oro o la plata». (Malaquías 3.3).

En la imagen anterior del que refina el metal, sentado junto al fuego, enfocamos la atención en el hecho de que es *Él quien controla el fuego.* Quiero ahora poner énfasis en el hecho de que Él se sienta junto al fuego para *proteger, guardar y cuidar su precioso metal.* Fije su mirada en Aquel que controla el fuego. Allí está. «Cuando pases por aguas profundas de gran tribulación, yo estaré contigo» (Isaías 43.2). Amados, Dios jamás echa a Sus preciosos hijos a las llamas, olvidando que están allí. «Se sienta junto al fuego», porque nos dice: «Yo estaré contigo».

El apóstol Pablo, ya anciano, estaba en el calabozo y sabía que su vida terminaría pronto. Ya muchos de sus amigos le habían abandonado y la lealtad de algunos otros era cuestionable. Pero en su última carta al joven Timoteo hay una nota de victoria: «Pero el Señor estuvo a mi lado y me dio fuerzas...» (2 Timoteo 4.17)

¿Está pasando por la prueba del fuego y la aflicción? Dé gracias porque Dios está allí. Él está junto al fuego. Está allí para consolar, para dar fuerzas, para alentar. Por fe, extienda su mano y toma la de Él. Mire Su rostro y permita que Su presencia le dé fuerzas y seguridad.

Él sabe

«Como un refinador de plata se sentará...» (Malaquías 3.3)

Como verá, Él sabe en qué momento termina el trabajo. Tenemos aquí la clave para completar el proceso. A veces pensamos que el fuego dura demasiado y que en vez de purificar, nos destruirá. Dirá: «¿Cómo sabe el que refina el metal hasta cuándo debe arder en el fuego para que su trabajo sea perfecto?»

Un visitante le preguntó lo mismo a un orfebre. Y la respuesta fue: «¿Ves que me siento junto al fuego?» El hombre respondió: «Sí». Entonces el que refinaba el metal le dijo: «¿Ves que me inclino, vigilante sobre el fuego?» La respuesta fue: «Sí, pero ¿cómo sabe exactamente cuánto calor hace falta?» El orfebre respondió: «*Hasta que vea mi reflejo*».

El propósito de Dios en la creación nos es revelado en Génesis 1.26: «Entonces Dios dijo: «Hagamos a los seres humanos a *nuestra imagen*, a nuestra semejanza». Pero esta imagen quedó terriblemente deformada, manchada por el pecado. Así que Dios nos redimió con la preciosa sangre de Cristo. Sólo en aquel en quien habita el Espíritu de Dios puede reflejarse la imagen y semejanza de Dios. Este es el eterno y gran propósito de Dios para Sus hijos: «los destinó desde un principio para que sean como su Hijo» (Romanos 8.29). «Al igual que ahora hemos llevado la imagen de Adán, un día nos pareceremos a Cristo» (1 Corintios 15.49). La voluntad de Dios es que cada cristiano sea «conforme a la imagen de su Hijo». Es un proceso en la vida de todo creyente. «Y el Espíritu del Señor nos va transformando de gloria en gloria, y cada vez nos parecemos más a él» (2 Corintios 3.18).

La disciplina es la forma en que Dios logra este fin. La vida cristiana no puede producirse sin sufrimiento. Si quiere reflejar Su imagen, no huya del fuego que refina. Temo que muchas veces buscamos los resultados, pero no queremos pagar el precio. Pablo conocía ese precio. Él dijo: «Lo he perdido todo con tal de conocer a Cristo, de experimentar el poder de su resurrección, de tener parte en sus sufrimientos y de llegar a ser semejante a él en su muerte» (Filipenses 3.10).

¿Está enfermo, sin esperanzas, débil y agobiado, ante pruebas y problemas que siente que no podrá soportar? Entonces recuerde cinco cosas gloriosas:

A ÉL LE IMPORTA: Usted es precioso para Dios, «como el oro y la plata».

ÉL PURIFICA: El fuego «purifica y purga».

ÉL ESTÁ AL MANDO: Sí, el fuego está bajo control. «Se sienta junto al fuego».

ÉL CONSUELA: Él está junto a usted en el fuego, «sentado junto al fuego».

ÉL SABE: Tenga la seguridad de que sabrá cuándo ha acabado el trabajo. Lo que busca ver es Su imagen. Suba a la cima de la fe con Job y grite: «Pero él conoce cada detalle de lo que a mí me ocurre; y cuando me haya examinado, me declarará completamente inocente: tan puro como oro macizo» (Job 23.10).

La Cura para la Preocupación

«No se angustien por nada; más bien, oren; pídanle a Dios en toda ocasión y denle gracias. Y la paz de Dios, esa paz que nadie puede comprender, cuidará sus corazones y pensamientos en Cristo» (Filipenses 4.6-7).

Nunca vi que mi padre estuviera preocupado. Tenía la serenidad de la fe, y vivía en entrega total, sometido por completo a la voluntad de Dios, libre de esa ambición egoísta que no he visto en ningún otro cristiano.

Vi cómo los amigos en que confiaba lo traicionaron y vi que los enemigos del evangelio lo acusaban falsamente. Lo vi desalentado cuando se hicieron añicos los planes concebidos a lo largo de meses de oración, aplastado por circunstancias que no eran provocadas por él. Pero jamás lo vi preocupado. Jamás lo vi angustiado.

Pude ver que su corazón sufría, que ponían impedimentos en su ministerio, vi que su familia sufrió. Pero jamás vi que perdiera esa profunda y permanente calma interior, ni la dulzura de su espíritu. La mayoría de los cristianos casi no conocen tan completa victoria en Cristo, y la malinterpretan pensando que es debilidad o falta de interés.

Sin embargo, mi padre no se angustiaba porque eso es lo que promete la Palabra de Dios y creo que es algo que todo cristiano puede conseguir.

«No se angustien por nada; más bien, oren; pídanle a Dios en toda ocasión y denle gracias. Y la paz de Dios, esa paz que nadie puede comprender, cuidará sus corazones y pensamientos en Cristo» (Filipenses 4.6-7).

Es fácil decir que el cristiano no debe preocuparse. Lo difícil es ponerlo en práctica. De nada sirve reprender y condenar. El que se preocupa es quien más angustia siente porque no quiere preocuparse, y sufre más por ello, perdiendo su felicidad. Quiero ayudar, no reprender.

Quizás diga: «Pero ¿cómo puede el cristiano evitar la preocupación y poseer un espíritu calmado y confiado que dé testimonio de que la gracia de Dios le basta?»

No tengo una fórmula mágica ni profeso haber conseguido la plenitud en este aspecto tampoco. Pero lo mucho o poco que he logrado se lo debo a la sencilla fórmula que nos da la Palabra de Dios.

Veamos por un momento la preocupación, que es la enfermedad. Y veamos la cura. Encontraremos también las consecuencias.

La Enfermedad

❖

LA PREOCUPACIÓN ES UNA ENFERMEDAD

La preocupación hoy es reconocida por los médicos como enfermedad (a veces, contagiosa). El doctor James W. Barton dijo hace poco: «Se sabe que casi la mitad de los pacientes que consultan al médico no tienen enfermedad orgánica alguna. En casi un cuarto de los casos la causa de los síntomas es la tensión o la preocupación, el estrés y la fatiga... el miedo o el impacto prolongados [que en realidad, es preocupación] que puede afectar el funcionamiento de todos los órganos del cuerpo».

El doctor Alverez (ex médico de la Clínica Mayo), declaró: «La preocupación es la causa de la mayoría de los problemas estomacales».

El doctor Han Selye escribió en referencia a la teoría de la enfermedad por estrés: «El estrés es el disparador que causa la enfermedad».

El doctor Emerson, destacado sicólogo cristiano, afirmó que hay cinco causas subyacentes de la enfermedad mental y la frustración (a menudo, causada por la preocupación y, muchas veces, causa de enfermedad física): el miedo, el odio, la culpa, la inferioridad y la inseguridad.

Podemos analizar esto de la siguiente manera:

1. Hipersensibilidad a la crítica.

2. Excesiva conciencia de nuestras debilidades.

3. Orgullo anormal por nuestros logros.

4. Ambición inasequible, más allá de nuestra capacidad.

5. Celos absorbentes por el éxito ajeno.

6. Codicia pecaminosa por cosas que están más allá de nuestro alcance (o nuestros medios económicos).

❖

LA PREOCUPACIÓN ES PECADO

No se angustien por nada; más bien, oren; pídanle a Dios en toda ocasión y denle gracias» (Filipenses 4.6). Es este un mandamiento claro y, si violamos un mandamiento divino, estamos pecando. La persona saludable puede convertirse en inválida, con sólo unos meses de preocupación. En todo el mundo, los casos de historias clínicas que registran los médicos e instituciones nos dan prueba fehaciente de ello.

¿Qué pasa con nuestras vidas espirituales? La preocupación asfixia a la Palabra de Dios e impide que nuestras vidas den fruto.

«Otras semillas cayeron entre espinos, y los espinos las ahogaron... El terreno lleno de espinos es el corazón del que escucha el mensaje, pero se afana tanto en esta vida que el amor al dinero ahoga en él la Palabra de Dios, y cada vez trabaja menos para el Señor» (Mateo 13.7, 22).

❖

LA PREOCUPACIÓN ES INNECESARIA

Dios no espera lo imposible de nosotros. Claramente nos manda en Filipenses 4.6: «No se angustien por nada» «No os inquietéis por nada» (BAD), «Por nada estéis angustiados» (DHH). «No se angustien por nada» (BPD).

La preocupación es no sólo un pecado y una enfermedad sino que, además, es tonto preocuparse porque no hay necesidad. No quiero ridiculizar nuestras preocupaciones, porque son reales. Eso es lo que las convierte en peligrosas. Pero sí es tonto cargar con nuestras preocupaciones en vez de entregárselas al Señor. «Dejen en las manos de Dios todas sus preocupaciones, porque él cuida de ustedes» (1 Pedro 5.7). El solo hecho de que alguien se interese suele ser el primer paso para curar la preocupación. «Por eso, mi Dios les dará todo lo que necesiten, conforme a las gloriosas riquezas que tiene en Cristo Jesús» (Filipenses 4.19).

Alguien dijo: «Hoy es el mañana por el que te preocupabas ayer».

A una mujer de Corea su suegra le dio unos ocho kilos de arroz. La mujer inició el camino de regreso a casa y puso la bolsa de arroz sobre un carro, tirado por un sirviente. Cuando se sentó, pensó: «El arroz, sumado al peso de mi cuerpo, podría ser demasiado pesado». Así que puso la bolsa de arroz sobre su cabeza, y así viajó hasta su casa.

Somos igual de necios y tontos cuando cargamos con nuestras preocupaciones en vez de entregárselas al Señor. ¿Qué es lo que pasa? ¿No creemos que Dios sea lo suficientemente grande?

«No se angustien por nada». «Lleva tus cargas al Señor, él te sostendrá» (Salmo 55.22). «Por eso, mi Dios les dará todo lo que necesiten» (Filipenses 4.19). En estas citas de la Biblia Dios llega a la causa básica de todas nuestras frustraciones: la preocupación, la angustia y el miedo.

Seamos francos y reconozcamos que no confiamos plenamente en Dios. No dejamos todo en Sus manos.

El doctor Bob Cook dijo hace poco: «No hace falta levantar ni un dedo para defendernos, a menos que no estemos seguros de que Dios puede ocuparse del asunto». Nuestras preocupaciones indican solamente que no creemos que Dios sea lo suficientemente grande como para ocuparse del problema sin ayuda nuestra. Esa preocupación deshonra a Dios, lo empequeñece y duda de Su Palabra.

❖

Le dijo el petirrojo al gorrión:
«Quisiera saber de veras por qué
estos seres humanos ansiosos corren
y se preocupan tanto».
Le dijo el gorrión al petirrojo:
«Amigo, creo que tiene que ser porque
no tienen un Padre celestial como
el que cuida de ti y de mí».

—Elizabeth Cheney, 1859.

❖

La Cura

Ante todo, el médico no puede curar la enfermedad de la preocupación. Sus píldoras sólo remedian los síntomas, no la causa.

Puede darnos tranquilizantes, para evitar que «explotemos», pero cuando acaba el efecto de la píldora, la tensión todavía está allí. La causa básica sigue estando.

Puede darnos somníferos y ayudarnos a olvidar durante algunas horas. Pero cuando despertamos, el problema sigue estando allí.

El siquiatra no puede curar la preocupación y, si es honrado, será el primero en reconocerlo. Puede indagar en el subconsciente y encontrar la razón, pero cuando la halla, no sabe qué hacer con ella (a menos que sea cristiano).

Ahora, si el médico no puede curarla, y el siquiatra tampoco, ¿hay cura? ¡Sí! *El cristiano tiene dentro de sí una vida sobrenatural*. La vida preocupada pertenece al plano *natural*. La vida cristiana pertenece al plano *espiritual*.

Se nos exhorta a los creyentes a «no angustiarnos por nada». Sin embargo, Dios no se detiene allí. Nos dice también cómo librarnos de la preocupación: «No se angustien por nada; más bien, oren; pídanle a Dios en toda ocasión y denle gracias. Y la paz de Dios, esa paz que nadie puede comprender, cuidará sus corazones y pensamientos en Cristo» (Filipenses 4.6-7).

La fórmula divina cura los tres síntomas: mentales, físicos y espirituales.

Nadie que no tenga la «paz de Dios» puede librarse de sus miedos, ansiedades, tensiones, frustraciones y preocupaciones. La paz de Dios no puede asegurarse con medicina prescrita por un doctor, ni en el diván del siquiatra. La cura está en la Palabra de Dios.

❖

POR MEDIO DE LA ORACIÓN

«... oren; pídanle a Dios en toda ocasión...» (Filipenses 4.6). Alguien dijo: «Siete días sin orar causan debilidad».

No se preocupe porque no pueda entregarse a Dios en oración. Venga ante Dios no como mendigo, sino como Su hijo o hija.

«Recurra a la oración... para presentar sus peticiones a Dios». ¿Cómo hacemos esto? Hablando con Dios sobre lo que nos preocupa, eso es orar. Le entregamos nuestra carga, y allí la dejamos. El primer paso que usa el siquiatra es «hablar del problema». Tenemos a Alguien mejor con quien hablar.

Supongamos que para cruzar un arroyo haya dos tablones. Uno está entero y el otro, podrido. Ahora, si intenta caminar sobre ambos tablones, se mojará porque el podrido cederá.

«Dejen en las manos de Dios todas sus preocupaciones, porque él cuida de ustedes» (1 Pedro 5.7). No usé el tablón podrido para encontrar ayuda. Por eso es que uno se cae. Por eso moja su almohada con lágrimas. Entréguele a Dios *todas* sus preocupaciones. Cuando se las entregue, confíe en Él. Dios es lo suficientemente grande. No necesita de su ayuda.

❖

POR MEDIO DE LA ALABANZA

«...oren; pídanle a Dios en toda ocasión...» (Filipenses 4.6). «Todas» nuestras peticiones. Los asuntos pequeños de la vida, al igual que los grandes e importantes. Es cuando tratamos de manejar las cosas pequeñas por nuestros propios medios, que nos metemos en problemas. No hay nada demasiado pequeño como para que no se lo entreguemos a Dios. Eso es «orar sin cesar». Necesitamos aprender a alabar a Dios por «*todas las cosas*», y orar a Dios por «*todas las cosas*».

❖

«CON ACCIÓN DE GRACIAS»

«Pídanle a Dios en toda ocasión y denle *gracias*» (Filipenses 4.6).

Presentemos nuestras peticiones a Dios acompañadas de acción de gracias. Tenemos que agradecerle a Dios Sus misericordias pasadas. El recuerdo mismo nos dará confianza.

Dios se le apareció a Moisés en el momento de su debilidad y su miedo. Y calmó su corazón diciendo: «Yo soy el Señor tu Dios que te sacó de Egipto, donde eras esclavo» (Éxodo 20.2). Moisés recordó la potente sabiduría y el poder de Dios mientras guiaba al pueblo para librarlo de la esclavitud. Y recibió seguridad de parte de Dios.

«En toda ocasión y denle gracias» (Filipenses 4.6), porque «Él hace que todo lo que nos suceda sea para nuestro bien» (Romanos 8.28) porque tenemos la seguridad de que «...esto es lo que Dios quiere de ustedes...» (1 Tesalonicenses 5.18). Es fácil confiar en Dios cuando no hay problemas. Pero cuando más lo necesitamos, es que surgen los conflictos.

¿Vives una vida de oración, de alabanza y acción de gracias? Esa es una cura muy sencilla, de sabor dulce, que nunca falla.

Vaya a cualquier lugar donde pueda estar a solas con Dios y acepte la cura divina. Ante todo, con la oración, hablándole sobre lo que le pesa. «Oren; pídanle a Dios en toda ocasión» (Filipenses 4.6).

Luego, intente alabar a Dios, pensando en todas las bendiciones diarias, esas cosas pequeñas que da por sentado y por las que nunca se tomó un momento para darle gracias a Dios. Naturalmente, esto le llevará al tercer paso, «la acción de gracias». Dedique tiempo a agradecerle a Dios todas las bendiciones que le ha dado en el pasado y las que derrama sobre usted en este momento.

Las consecuencias

«Y la paz de Dios, esa paz que nadie puede comprender, cuidará sus corazones y pensamientos en Cristo» (Filipenses 4.7).

Este es el resultado seguro de aceptar la cura de Dios para la preocupación.

Tal vez las circunstancias no cambien, pero sí habrá un gran cambio en su corazón y en su mente.

Pablo oró tres veces porque le fuera quitada «la espina en la carne». La respuesta de Dios llegó en cada oportunidad. «Debe bastarte mi amor»

(2 Corintios 12.9). Las condiciones no cambiaron, pero el corazón de Pablo sí y su actitud hacia la aflicción también, debido a la seguridad que le dio la Palabra de Dios.

Ahora bien, ¿cuál es el resultado (las consecuencias) de la cura de Dios para la preocupación?

❖

LA PAZ DE DIOS

«Y la paz de Dios ... cuidará sus corazones y pensamientos en Cristo» (Filipenses 4.7).

La paz con Dios quedó asegurada en el Calvario, a través de la fe en Jesucristo. La paz de Dios inunda el alma cuando oramos, le alabamos y le damos gracias.

¡Ese es el camino! Dios promete que «Y la paz de Dios ... cuidará sus *corazones* y *pensamientos* en Cristo». Ese es el secreto para tener paz, la paz de Dios en nuestras mentes y nuestros corazones. Llévele sus cargas al Señor, y *déjelas* allí.

Muchos de los que tienen paz con Dios saben poco acerca de la paz de Dios. Porque es la *paz de Dios*, que Él imparte e implanta, la que calma nuestras mentes.

No podemos pensar en un Dios preocupado, ansioso, perturbado ¿verdad?

Claro que no. Dios es omnipotente, todopoderoso. No hay nada que sea demasiado para Él.

Dios es omnisciente, lo sabe todo. No hay nada que pueda tomarle por sorpresa.

Dios es omnipresente. Está en todas partes.

Y si esto es verdad, ¿cómo podríamos no confiar en Él? Y si confiamos en Él, ¿no podemos tener *Su paz* en nuestros corazones?

Como mínimo, diremos que la preocupación es dudar de Dios. «Por eso, no se anden preocupando por la comida o por la ropa. ¡Los paganos son los que siempre se andan preocupando de esas cosas! Recuerden que su Padre celestial sabe lo que necesitan» (Mateo 6.31-32).

❖

QUE SOBREPASA TODO ENTENDIMIENTO

«Y la paz de Dios, esa paz que nadie puede comprender» (Filipenses 4.7).

Esa es la paz, el tipo de paz perfecta que Dios tiene para nosotros.

Es una paz tan maravillosa que se sorprenderá al ver que la posee. Es una paz tan extraña «dadas las circunstancias» que no puede entender cómo es que la tiene. Sobrepasa todo entendimiento.

«Él cuidará en *perfecta paz* a todos los que confían en él y cuyos pensamientos buscan a menudo al SEÑOR» (Isaías 26.3).

Cuando mantenemos la mente fija en Cristo, en Su grandeza, Su poder y Su amor, Él mantiene nuestras mentes en perfecta paz. Es una paz que sobrepasa todo entendimiento humano.

❖

A TRAVÉS DE CRISTO JESÚS

Es por eso que el siquiatra no puede curar y el médico sólo puede darnos alivio temporal con píldoras. ¡No hay cura para la preocupación, si no es en el Señor Jesucristo!

Aparte del Señor Jesucristo no puedo ofrecerle esperanza ni cura para la preocupación, ni alivio para su ansiedad, ni ayuda perdurable para su problema. Veamos una vez más las cinco causas básicas de la enfermedad mental, de la frustración y la preocupación.

1. El miedo. Es un problema creciente que enfrentan los médicos, pero cumple la profecía de la Palabra de Dios respecto de los últimos tiempos, en que «Los hombres se desmayarán de terror por el miedo...» (Lucas 21.26). No hay cura para el miedo fuera del Señor, pero Dios «mantendrá en perfecta paz» a quienes confían en Él.

2. El odio. La cura para el odio es el amor y «...Dios es amor» (1 Juan 4.8). No hay píldoras de amor en la farmacia. Muchas personas están desesperadamente enfermas debido al odio.

3. La culpa. Tal vez el siquiatra pueda encontrar un complejo de culpa, pero nada podrá hacer al respecto. La promesa de Dios es: «Pero si confesamos a Dios nuestros pecados, él, que es fiel y justo, nos perdonará y nos limpiará de toda maldad» (1 Juan 1.9). Sólo la sangre de Jesucristo puede quitar el sentimiento de culpa. Sólo la seguridad del perdón de Dios puede dar alivio a la mente angustiada.

4. La inferioridad. Necesitamos más que mayor autoestima. Debemos tener el sentimiento de «pertenencia». ¿Qué mejor cura que la de pertenecer a la familia de Dios?

5. La inseguridad. Ni la cuenta de ahorros en el banco ni el pago de la hipoteca de su casa pueden comprar la libertad o la ausencia de preocupaciones. Hay gente muy rica que vive preocupada. La verdadera seguridad sólo se encuentra en la certidumbre de la vida eterna, y es «a través de Cristo Jesús». El corazón atribulado es resultado de la falta de fe. «No se angustien. Confíen en Dios, y confíen también en mí». (Juan 14.1).

Qué Hacer con Sus Problemas

Si tiene problemas, alégrese: Dios está cumpliendo Su promesa: «En este mundo van a sufrir, pero anímense» (Juan 16.33).

Él no nos promete una vida sin problemas, sin pena ni pruebas, pero nos dice qué hacer con todo eso. Jesús afirmó: «Pero anímense, yo he vencido al mundo» (Juan 16.33).

Pablo estaba en problemas. Era prisionero e iba camino a Roma en un viejo barco que crujía. Se iba a enfrentar al César en un tribunal, y se sabía que este no era amigo de los cristianos. El viento en contra, la tormenta, el naufragio, la falta de esperanza. ¿Alguna vez ha perdido la esperanza? ¿Sabe lo que hizo Pablo». Dijo: «Yo confío en Dios...» (Hechos 27.25). ¿*Confía* usted en Dios de veras? ¿De verdad?

No se trata de lo que digamos, sino de las circunstancias en las que lo afirmemos. Eso es lo que revela el verdadero carácter. Es fácil decir: «Confío en Dios», pero nadie lo dijo bajo circunstancias menos creíbles que las de Pablo. La historia aparece en Hechos 27 y nos da una de las imágenes de fe más representativas en toda la Biblia.

Podríamos comparar el viaje de Pablo con la vida. Ella es, en efecto, un «viaje de fe». Oro porque este estudio de la Biblia le sea de ayuda en su viaje por la vida.

La partida

«Subimos a bordo» (Hechos 27.2). La pasión que consumía a Pablo durante años era predicar el evangelio en Roma. Bajo la providencia divina fue arrestado, juzgado y sentenciado, pero apeló al César. Cuando Agripa examinó a Pablo, podría haberlo dejado libre si no hubiera apelado ante el César.

No fue un error, sin embargo: Pablo iba de camino a Roma y quien pagaba su pasaje era César. El centurión Julio estaba encargado de los prisioneros.

«Subimos a bordo» significa que se habían comprometido, entregado al mar. Ante todo, «...decidieron por fin mandarnos...» (v. 1). Es decir, que decidieron ir y luego subieron a bordo. No habrían podido llegar a Roma si no hubieran subido a bordo. Los sueños, las visiones, los deseos y la determinación tienen su lugar, pero lo que nos falta es la fe que nos haga subir a bordo.

Hay personas que nunca logran nada porque no zarpan jamás. Otros temen tanto cometer un error, que jamás hacen nada. Preferiría equivocarme a no hacer nada. Porque al menos podría aprender algo de mi equivocación.

Hay miles de cristianos que sinceramente quieren hacer algo por Cristo pero jamás lo logran porque no dan ese primer paso. No basta con las buenas intenciones. ¡Hay que comenzar! ¡Subir a bordo! ¡Hacerse a la mar!

No se detenga

«...los vientos en contra» (v. 4).

Observe cómo sigue la historia: «Al día siguiente, al ver que la tempestad seguía azotándonos con mucha fuerza, comenzaron a arrojar la carga al mar» (v. 18), «pasaron muchos días sin que aparecieran ni el sol ni las estrellas... así que perdimos toda esperanza de salvarnos» (v. 20). *Es entonces cuando comienza la fe.*

¡Observe en qué orden suceden las cosas! «Subimos a bordo», «...los vientos en contra». Comience algo para el Señor y el diablo se ocupará de que soplen vientos en contra. La vida cristiana no siempre es un viaje sin olas. Habrá tormentas, soplarán vientos, Satanás se opondrá. Si usted empieza algo para Dios, el diablo enviará una tormenta.

Pablo había estado hablando con Dios acerca de su predicamento. Oculto en algún lugar de la parte más baja del barco, Pablo oraba. La continua relación con Dios por medio de la oración siempre rinde frutos. Hay personas que sólo oran cuando ya es demasiado tarde. Y entonces no llegan a ninguna parte.

Jonás no oró sino hasta que estuvo dentro del vientre del gran pez (Jonás 2.1). Allí comenzó a orar, pero no había estado en una relación continua de oración. Tenía frío, había desobedecido por obstinación, por lo que hizo falta un desastre para que orara. Si hubiera mantenido una relación continua de oración con el Señor, cuando el pez abrió la boca para tragárselo, Jonás podría haber gritado: «Dios, ayúdame», y seguramente el animal lo habría escupido. Si la obstinación, la rebeldía y la resistencia a Dios son a costa del privilegio de la oración, el precio es demasiado alto.

Confíe en Dios

«Yo confío en Dios...» (Hechos 27.25).

Es fácil ponerse de pie en una reunión de oración y decir: «Confío en Dios». Mas hace falta una fe verdadera para decirlo en medio de una terrible tormenta, para subir a ese barco con Pablo y decirlo, para llegar a ese lugar donde ya «no hay esperanza» y pronunciar tales palabras.

Los marineros con experiencia decían: «No hay esperanza». «...así que perdimos toda esperanza de salvarnos» (Hechos 27.20). Ya habían agotado los recursos de los más expertos marinos, el veredicto era: «No hay esperanza». Los soldados decían: «No hay esperanza» y se disponían a matar a los prisioneros, pero el centurión los detuvo. Los relámpagos parecían escribir en el oscuro cielo: «No hay esperanzas». El aullido del viento añadía su voz al coro: «No hay esperanzas». Las velas que flameaban, las enormes olas, el crujido del barco y los mástiles que se partían, se hacían eco del fatal clamor: «No hay esperanzas».

Lo que indicaba la razón era eso: La tormenta es demasiado fuerte, el barco es muy pequeño, la carga pesa demasiado y la distancia es mucha... «No hay esperanzas». ¿Ha estado usted alguna vez en un lugar así, sin esperanzas? Jamás conocerá la grandeza de Dios hasta que esté en un lugar como ese. Tal vez hoy *esté* allí, «sin esperanzas». Si es así, anímese. Hay una salida.

Durante muchos años mi esposa tuvo problemas de salud. Algunos especialistas de la costa oeste intentaron operarla, sin éxito. Entonces dijeron: «No hay esperanzas».

La Clínica Mayo era para nosotros «El último recurso». Les escribí, anunciando que llevaría a mi esposa. Hice unas modificaciones en mi auto para instalar una cama dentro. Luego, con el bebé y un tanque lleno de oxígeno, nos dirigimos a la clínica. Al llegar, nos esperaba una carta: «Su esposa tiene un quiste de gran tamaño en el pulmón, que invade todo el lado derecho del tórax. La situación ha avanzado tanto que es necesaria la descompresión frecuente. En esta etapa no hay nada que podamos hacer. El paciente muere». La carta es de hace más de diez años. Mi esposa goza de buena salud hoy. El Señor tuvo que llevarnos a un lugar «sin esperanzas» antes de que conociéramos de verdad lo que era confiar en Él. Milagrosamente la mantuvo viva, hasta que surgieron nuevas técnicas quirúrgicas. Cuando llegamos a ese lugar «Sin esperanzas», Dios apenas empieza a obrar.

Dios le habló a Pablo y le dijo: «No tengas miedo, Pablo. Porque tienes que presentarte ante el emperador» (Hechos 27.24). Y Pablo respondió: «*Yo confío en Dios*». Sin duda, estaba desafiando al viento, las olas, al mar: «Suceda lo que suceda, exista viento, mar, ciclón; ocúltense, sol, luna y estrellas ¡yo confío en Dios! Entréguense si quieren, soldados y marineros. Pero ¡*yo confío en Dios*!»

No confió en los expertos, ni en los soldados, ni en lo que dictaba el sentido común. Confió en Dios. A veces los «expertos» se equivocan. A veces los soldados cometen errores. A veces la fe no parece estar de acuerdo con lo que indica el sentido común. Pero Dios jamás se equivoca.

Dios habló. ¡Cómo le gusta a Dios hablar palabras de consuelo en momentos de angustia! ¿En qué manera habló Dios? Le habló a Pablo por medio del ángel, con voz audible. Pero ahora Dios no habla de ese modo. Estamos bajo la dispensación de la gracia. Nos habla por medio del Espíritu Santo, esa «quieta vocecita» interior. Nos habla aun atravesando puertas cerradas. Nos habla a través de Su palabra. Tener en el corazón la Palabra de Dios para momentos como ese, rinde sus frutos.

«Yo confío en Dios», dicho en un momento como ese, nos da una de las más grandes imágenes de la fe que podamos encontrar en la Biblia. Ojalá pudiera pintarlo sobre un lienzo: el barco, sacudido por las olas como una cáscara de nuez,

las olas rompiendo sobre la cubierta, Pablo afe-
rrándose a las sogas, empapado por las furiosas
olas que seguramente golpeaban su rostro como
mil aguijones. Pero levantó la cabeza triunfante
y gritó por sobre el rugido de la tormenta: «Yo
confío en Dios».

El hombre nada podía hacer ante aquella
tormenta, pero Dios le había prometido algo a
Pablo y este creía en Su promesa. Pablo podía
decidir: o se encogía de miedo ante la tormenta,
o creía y confiaba en Dios.

Tal vez usted se encuentre en un lugar parecido. Hay una tormenta que ruge, el cielo se
oscurece, los truenos resuenan, sus enemigos se
levantan y todo le abruma. Sus consejeros dicen:
«No hay esperanza», pero —por encima de la
confusión— Dios le *dice*: «Cuando pases por
aguas profundas de gran tribulación, yo estaré
contigo. Cuando pases por ríos no te ahogarás»
(Isaías 43.2). Usted puede pararse sobre la promesa de Su Palabra o creer en las circunstancias.
Dios tiene una promesa para cada prueba, cada
tribulación, cada necesidad, cada tentación, cada
circunstancia de la vida. La fe elige creer y confiar en Dios.

Confiar en Dios da resultado, no sólo para
nosotros mismos, sino para los demás. En aquel
barco había doscientas setenta y seis personas

más que se salvaron porque Pablo iba con ellos. El ángel dijo: «No tengas miedo, Pablo. Porque tienes que presentarte ante el emperador. Y por ti, Dios les conservará la vida a todos los que están contigo en el barco» (Hechos 27.24). Pablo tiene que haber orado por ellos. El ángel dijo: «Y por ti», y por eso Pablo pensaba, no sólo en sí mismo, sino en los demás.

Crea en Dios. ¡*Confíe en Dio*s! Él tiene algo que decirle. ¿Está escuchando?

Es tan sencillo

«Yo confío...» (Hechos 27.25).

Nos deleitamos en la sencillez divina.

Eso significa que tal vez yo no pueda entenderlo, que no lo merezca, que no pueda explicarlo. Pero creo y confío de todos modos. Es una fórmula sencilla. Dios lo dijo y yo lo creo. Eso es fe.

Había un hombre conocido por su gran fe. Un predicador se le acercó y le preguntó: «¿Es usted el hombre con mucha fe?» Y este respondió: «No. Soy un hombre de poca fe en un Dios grandioso». Dios quiere que creamos cuando no podemos ver, cuando no podemos entender ni explicar. Si pudiéramos ver y entender, no sería fe.

No se trata tanto de la *cantidad* de fe, sino del *objeto* de su fe. No se trata tanto de qué es lo que cree, sino en *quién* cree. Los marineros confiaban en su capacidad y su habilidad. Los soldados confiaban en los marineros. El capitán, en el piloto. El piloto en su brújula. Todos confiaban en el barco. El barco dependía del ancla, pero esta falló. Pablo confió en Dios, pero Dios nunca falla. Es fácil creer cuando las aguas están tranquilas, pero cuando llega la tormenta hace falta fe de verdad.

En el siguiente capítulo (Hechos 28), se nos dice que llegaron a la orilla. Los hombres encendían un fuego cuando apareció una serpiente venenosa de en medio de los leños y se prendió en la mano de Pablo. Los nativos sabían que eso era una muerte segura. Pablo no sintió miedo. Sin inmutarse, sacudió la mano y la víbora cayó en el fuego. ¿Por qué no tenía miedo? Porque creía en Dios. Dios le había prometido «Porque tienes que presentarte ante el emperador» (v. 24). Pablo creyó y confió en Él.

Pertenencia

«... al que pertenezco» (Hechos 27.23).

Tenemos aquí una confesión de propiedad divina.

Tiene que haberles parecido extraño a aquellos soldados idólatras, dueños de sus dioses, que Pablo dijera: «Le pertenezco a mi Dios». La compañía naviera era dueña del barco y el capitán era dueño de los marineros, en tanto los soldados pertenecían al gobierno y, a su vez, los prisioneros pertenecían a los soldados. ¡Pero Pablo estaba diciendo que su dueño era Dios! ¡Deténgase! ¡Piense! Usted pertenece a Dios. «Ustedes no son sus propios dueños … Dios nos compró a gran precio» (1 Corintios 6.19-20).

Una pequeña oyó a un misionero que en la iglesia llamaba a los presentes a dar su ofrenda. La niña quiso dar algo y pensó en su más nueva posesión. Así que dijo: «Le daré mi vestido nuevo a Jesús». El pastor le explicó que Dios no podía usar su ofrenda, por lo que la niña ofreció su muñeca, pero nuevamente el pastor le explicó que Dios no podría usarla. La pequeña entonces se paró dentro del plato de las ofrendas y dijo: «Bueno, entonces me ofrendo a mí misma». Eso es lo que Dios quiere.

❖

Usted pertenece. Le pertenece a Él.
¿Le alegra eso? Entonces dígaselo.

❖

¿Sirve usted?

«...al que sirvo...» (Hechos 27.23)

Aquí queda demostrada la verdadera obediencia.

Esas palabras deben haberles parecido extrañas a los marineros ya que sus dioses paganos eran sirvientes de ellos y podían sacarlos de sus baúles cuando había tormenta. El barco prestaba servicio a la compañía, y los marineros servían al capitán en tanto que los soldados servían al gobierno y los prisioneros a los soldados. Pero Pablo decía que servía a Dios. «...al que sirvo...» (v. 23). A veces estamos ciegos ante la oportunidad de testificar de Cristo pero Pablo hacía lo que fuese por confesar con audacia. En su cuerpo exhibía las marcas de su pertenencia divina, marcas que habían dejado allí los romanos. Lo habían azotado tres veces y las feas cicatrices del látigo con que lo habían azotado en la sinagoga estaban allí. También tenía cicatrices que habían dejado las crueles piedras que le habían arrojado, hasta darlo por muerto. No es de extrañar entonces que Pablo dijera: «Porque llevo en el cuerpo las marcas de haber sufrido por Jesús» (Gálatas 6.17). Ellas eran evidencia de su pertenencia, de su servicio a Dios. Pablo pagó un precio por pertenecer a Cristo y por servirle. ¿Cuánto le ha costado a usted servir a Cristo? Si está pagando un precio ahora, no se queje, sino téngalo como «gran alegría» (Santiago 1.2).

Junto a usted

«Anoche se me apareció un ángel de Dios» (Hechos 27.23).

Vemos aquí la fidelidad divina.

¿Qué noche aquella? La noche de la tormenta, de la desesperanza, la noche «Sin esperanzas». ¡Cómo le gustaba a Dios estar junto a Pablo en un momento como aquel! El que nunca ha estado en una tormenta en el mar, no conoce la dulzura de la presencia divina. Dios nos prometió que «... enviará a sus ángeles para cuidarte» (Lucas 4.10). «Nunca te dejaré; jamás te abandonaré» (Hebreos 13.5), «estaré con él en la angustia, lo libraré y lo honraré» (Salmo 91.15). Si sufrimos, no lo haremos a solas.

❖

«Justo cuando lo necesito, Jesús está cerca.
Justo cuando estoy débil, justo cuando tengo miedo,
Allí está, dispuesto a ayudarme, a animarme.
Justo cuando más lo necesito».

—W.C. Poole

¿Siente que le han abandonado? ¿Siente que nadie le entiende, que a nadie le importa? Anímese, porque cuando todos los demás le fallen, Dios estará junto a usted. Él estuvo junto a Pablo, diciéndole: «No temas».

Lo logrará

«...todos llegamos a tierra sanos y salvos» (Hechos 27.44).

Aquí vemos la liberación divina.

El barco finalmente chocó contra las rocas y se destrozó en pedazos. Unos pudieron nadar y otros flotaron, aferrados a maderos del naufragio. Observe que debió romperse el barco antes de que pudieran llegar a la orilla aferrados a los maderos. Así que a veces Dios tiene que quitarnos todo tipo de ayuda humana para poder hacerse cargo de las cosas. Dios le prometió a Pablo que todos los que estaban con él se salvarían. Dios siempre cumple Sus promesas.

Confíe en Él. Entréguele su vida al Señor Jesucristo.

Vendrán tormentas, habrá vientos, podrán atacarle los enemigos y Satanás podrá oponérsele, además de que podrán parecer imposibles las circunstancias, pero Dios ha dicho: «Estaré contigo», «Nunca te dejaré ni te abandonaré», «No perecerás». Dios no nos promete una vida fácil. Él dijo: «En este mundo van a sufrir, pero anímense, yo he vencido al mundo» (Juan 16.33). Las tribulaciones no podrán vencernos. Las pruebas no podrán aplastarnos. Los enemigos no podrán destruirnos. La enfermedad no podrá derrotarnos. La tentación no podrá invalidarnos y no habrá infierno que pueda destruirnos. El triunfo final de Dios ya está registrado en Su Palabra, que no cambia: «todos llegamos ... sanos y salvos», finalmente. Anímese, levante la mirada, «crea y confíe en Dios», y déle gracias por la victoria.

«Yo confío en Dios».

Todas las cosas obran para bien

«Además, sabemos que si amamos a Dios, él hace que todo lo que nos suceda sea para nuestro bien. Él nos ha llamado de acuerdo con su propósito» (Romanos 8.28).

Entonces, deje de temblar y confíe. Deje de quejarse y alabe. Deje de correr y descanse. Deje de preocuparse y espere. ¡Deje de empequeñecer a Dios y crea en Él!

Pero ¡claro!... el misterio lo envuelve todo, los enemigos acechan, los amigos abandonan, Satanás golpea, los demonios acosan, los pecados infestan, la enfermedad debilita, las penas angustian, la muerte roba y la pobreza amenaza en tanto los castillos en el aire se derrumban y los sueños se esfuman, y los barcos encallan mientras las tormentas arrasan con todo y los nubarrones de confusión le engullen. ¿Por qué? ¿Por qué? ¿Por qué? *La vida, para muchos, se ha convertido en un gigantesco signo de interrogación.* Hoy el mundo sale arrastrándose bajo los escombros de una civilización que se tambalea y los nubarrones de misterio y confusión dibujan un enorme interrogante. ¿POR QUÉ? ¿POR QUÉ? ¿POR QUÉ? ¿Es que Dios le ha abandonado? ¿No ha cumplido Sus promesas? ¿Le ha olvidado Jesús? ¿Le ha dejado el Espíritu Santo? No, amigo, amiga. Dios ya respondió a quienes creen en Él y nos dice que «Él hace que todo lo que nos suceda sea para nuestro bien».

❖

Dios sigue en el trono,
Siempre cuida de los suyos
Su promesa es verdadera.

Él no te olvidará.
Dios sigue en el trono.

❖

Sus promesas le obligan a ayudarle a usted. Su compasión hace que se incline para oírle y Su poder le permite liberarle. Agradezca lo que Dios ha hecho hasta ahora. Déle gracias por lo que está haciendo en este momento. Confíe en Él por lo que hará en el futuro. Deje de preguntarse «¿por qué?» y alábele porque Romanos 8.28 sigue allí, en «el Libro».

Esta es una de las promesas más benditas que nos ha dado Dios, pero aun así es la que más cuestionamos, de la que más dudamos. Es la que malinterpretamos con mayor frecuencia. No es que tenga que entenderla. Solo tiene que creer y confiar en esa promesa, y actuar con fe y confianza para que sea un principio de acción en su vida.

Es esta la promesa que Dios —y Su Hijo—, puede por fe convertir en profecía: «No sé qué me depara el mañana, pero sí sé que "todo obra para bien"».

La promesa no es para todos

Debo señalar que esta es una promesa *estrecha*.

No dice: «Todo obra para bien *para todas las personas*», sino dice: «*si amamos a Dios*» (Romanos 8.28). Es claro que es una promesa para los hijos de Dios, para quienes por medio de la fe en Cristo han nacido de nuevo. Para los hijos de Dios, por cierto es verdadera. «Esperamos la vida eterna que Dios, que no puede mentir, prometió desde antes de la creación del mundo» (Tito 1.2). Alabado sea Dios porque es verdad.

Las circunstancias de su vida no pueden alterar la segura promesa de Dios. Puede estar junto al ataúd que contiene los restos de la persona que más ama en la tierra, y aun así estas palabras son tan verdaderas como el Padre celestial que las pronunció. En su hora de mayor dolor, en su prueba más difícil, en sus momentos de mayor desilusión, en las pruebas, en medio de lo que se va y lo que se queda, en medio de la tentación así como en su gozo y su victoria más grande, sigue siendo verdad que «Él hace que todo lo que nos suceda sea para nuestro bien». Recuerde que lo que hoy enfrenta no cambia la eterna Palabra de Dios. Veamos exactamente lo que Dios prometió y creo que a través de Su Espíritu podemos llegar a *entenderlo*, además de *creerlo*.

Sabemos

«Sabemos». ¡Qué bendita seguridad! No «entendemos», ni «disfrutamos», ni «vemos», ni «sentimos», sino que «*sabemos*». *Sabemos,* porque

Dios lo ha dicho y porque nuestra experiencia propia lo confirma. Gracias a Dios porque podemos saber. Sólo podemos albergar *esperanzas* en las cosas temporales y materiales de este mundo, pero todo lo que es eterno y precioso, lo sabemos con certeza. Por ejemplo, podemos acumular tesoros en la tierra, con la esperanza de que estén a salvo. Sin embargo, podemos acumular tesoros en el cielo y *saber* con certeza que no están allí donde «Donde la polilla y la herrumbre echan a perder las cosas y donde los ladrones roban». (Mateo 6.19). Estamos vivos hoy, y tenemos *esperanzas* para el mañana, pero si sabemos que Cristo es nuestro Salvador tenemos vida *eterna* y sabemos que «Hemos pasado de la muerte a la vida» (1 Juan 3.14). Tal vez hoy nos vaya bien en la vida y tengamos *esperanzas* en que las bendiciones continúen mañana. Pero antes que amanezca otro sol, tal vez nuestros corazones se quebranten, o perdamos la salud, o se esfumen nuestros sueños, o perdamos a un ser querido. Pero si somos hijos de Dios podemos *saber* que todo obra para bien.

Todo lo que nos suceda

«Todo lo que nos suceda», no algunas, ni la mayoría, ni las lindas, ni las fáciles, si no «todas las cosas». Por lo general no nos cuesta ver esta verdad cuando todo va bien, pero «todo lo que nos suceda» incluye lo feo, lo difícil, lo amargo y duro de la vida, desde lo más pequeño hasta lo más grande, desde el hecho más simple en la providencia diaria hasta las horas de crisis en gracia... «Todo lo que nos suceda sea para nuestro bien».

El hecho es que lo más difícil de soportar, en realidad ha sido lo *mejor* para nosotros. *No hay dolor que nos deje allí donde nos encontró, porque o nos aleja de Dios o nos acerca a Él.* Por ejemplo, el remordimiento de Judas lo llevó al suicidio pero el remordimiento de Pedro transformó al impulsivo discípulo en «la roca». Vea cada momento de pena y dificultad como un punto de inflexión en su vida cristiana. Saldrá de ese punto más cerca o más lejos del Señor.

Dios no nos promete que nuestras vidas siempre serán placenteras, pero declara que incluso lo más desagradable forma parte de Su «todo». No nos promete prosperidad material en todo momento, pero incluso la *necesidad* que tengamos «Él hace... sea para nuestro bien». Algunas de las bendiciones espirituales más grandes que han llegado a nuestras vidas, han ocurrido cuando debimos orar, literalmente: «Danos hoy los alimentos que necesitamos» (Mateo 6.11). Algunos nos quejamos porque estamos enfermos, pero muchas de las victorias espirituales más grandes que tuvimos han sido en momentos en que Dios nos hizo apartarnos del mundo para entrar en comunión con Él, y para aprender la riqueza de las lecciones que tiene para nosotros en «el lecho de aflicción».

Dios está obrando

«Él hace». Observe que habla en presente. Está haciendo. No dice que Él hizo, que sucediera, que deberían suceder o podrían ser. Dice: «Él hace que todo lo que nos suceda...» Tantas veces nos quejamos, diciendo: «No puedo ver los resultados», pero eso no es señal de que Dios no esté obrando. Temo que tendemos a medir las cosas por lo que podemos ver. ¿Qué cristiano no ha tenido una experiencia oscura en su vida que en ese momento no pudo entender? Los nubarrones de misterio se cernían en derredor, y mil demonios parecían rodearle, ocultando el rostro de Dios y sin que pareciera haber una salida. Pero entonces, en la hora de angustia clama: «No puede ser verdad. Este momento de mi vida me paraliza. No estoy yendo a ninguna parte. De esto no puede salir nada bueno». Sin embargo luego, del otro lado de la noche oscura sale el sol y, al mirar atrás, recuerda la experiencia y ve la amorosa mano de Dios, que siempre estuvo allí. «Él hace que todo lo que nos suceda». En efecto, lo más difícil a menudo es lo mejor para nosotros. La mañana nos revela lo que Dios ha estado haciendo durante la noche. ¿Está hoy en un lugar de la vida donde todo parece oscuro? Aférrese a esta bendita promesa. ¿Puede confiar en Dios en medio de la oscuridad? No hace falta que vea para saber que Dios obra para su bien. El sol saldrá por la mañana y los nubarrones se correrán. Entonces verá que Dios ha estado obrando para su bien, *hoy*.

Juntas

Todas las cosas obran juntas, no por separado, de manera independiente, no cada cosa por su lado o en sí misma, sino «juntas». Esa es la clave. Dios no nos promete que todas las cosas obren para bien, o que cada cosa sea un bien en sí misma, sino que *todo se conjuga*, obrando para bien. Muchas personas toman una única experiencia en la vida y, blandiéndola ante el rostro de Dios, protestan: «En esto no veo nada bueno». No, no lo hay y Dios no dice que lo haya, sino que forma parte de «todo lo que nos suceda», como parte del patrón divino. Los sucesos de la vida, por separado, pueden parecer desastrosos; pero juntos, obran para bien. Hace falta que las experiencias de la vida se combinen para formar ese «conjunto». Cuando vivimos en sumisión y obediencia a Su voluntad todo suceso tiene un lugar definido en el plan y el patrón divinos. Cada cosa forma parte de «todo lo que nos suceda» y «todo lo que nos suceda sea para nuestro bien». El azúcar es dulce, y le añade sabor a muchos alimentos. Pero usted no comería azúcar para la cena, por ejemplo. No le gustaría. Tampoco querría comer harina, seca e insulsa, y no me imagino nada más asqueroso que comer claras de huevo crudas. Pero todos estos ingredientes, insulsos y desagradables por separado, sujetos a la hábil mano de un cocinero conforman un delicioso pastel.

¿De qué «bien» habla?

«... sea para nuestro bien», no para el placer, la comodidad, la prosperidad, la salud o el gozo, sino para bien.

¿De qué «bien» habla? Es el bien del *alma*, más que del *cuerpo*. El bien de lo *eterno*, más que de lo *presente*. Es una buena enfermedad la que contribuye a la salud del alma. Es una buena pobreza la que aumenta nuestras riquezas eternas. Es pérdida bienvenida la que se convierte en ganancia eterna.

Sin duda, en eso pensaba Pablo cuando dijo en 2 Corintios 12.5 prefiero gloriarme en mis debilidades. *Gloriarse* en la debilidad es mucho más que someterse a ella. Nadie puede sentirse orgulloso en la aflicción porque, justamente, aflige. Pero si por fe podemos ver la aflicción como el medio divino que nos llevará a parecernos más a Cristo, podemos con gozo y humildad gloriarnos en ellas. Pablo dijo que podría «presumir» (v. 5) después de su visión del cielo, y que por eso Dios «clavó en mi carne un aguijón» para que no me enorgullezca (2 Corintios 12.7). Este aguijón era doloroso, difícil de soportar, pero Pablo dijo: «*se muestra en mí el poder de Cristo*» (v. 9). Era, después de todo, un buen aguijón y aunque tres veces Pablo oró a Dios pidiéndole que se lo quitara, la respuesta de Dios en cada oportunidad fue «Debe bastarte mi amor» (v. 9).

Él tiene un propósito

«...de acuerdo con su propósito», no según nuestra voluntad, disfrute, métodos ni planes, sino de acuerdo con su propósito. Entonces es claro que el bien para el que sucedan todas las cosas es *cumplimiento de Su propósito*. ¿Y cuál es

Su propósito? Romanos 8.29 nos responde: «... para que sean como su Hijo».

Qué bendita promesa... «Él hace que todo lo que nos suceda» sea para un gran propósito, que día a día podamos *parecernos cada vez más a nuestro Señor y Salvador Jesucristo*. Para que eso suceda, harán falta diversas experiencias pero si conocemos Su grande y eterno propósito ¿no nos someteremos como arcilla a la mano del Alfarero divino? «Sea por placer o por dolor, en enfermedad o salud, en la alegría y la pena, en la vida o en la muerte, oh Señor, que pueda tan solo ser como el Maestro... Hágase tu voluntad, y cúmplase tu propósito».

Para que el *diamante* brille, hay que cortarlo. Para que el *oro* sea puro, hay que refinarlo. Para que la *vid* dé más fruto, hay que podarla. Para que la arcilla pueda convertirse en una vasija que se pueda usar, hay que moldearla. Para que *el hijo de Dios* pueda llegar a ser apto para que el Maestro le use, necesitará que se le corte, se le refine, se le pode y se le moldee. Aunque a veces parezca que la arcilla quedará arruinada al moldearla, el propósito del Alfarero es el objeto que resultará del moldeado. No se resista, no huya. Ore.

❖

«¡Haz lo que quieras, Señor! ¡Haz lo que quieras!
Tú el Alfarero, yo el barro soy.
Moldéame, y dame la forma que tu voluntad
decida.
Mientras espero, entregado y quieto».

—A.A. Pollard

❖

Hay un costo

Cantamos: «Quiero ser como Jesús».

¿De veras lo desea? ¿De veras quiere que Dios haga lo que quiera en su vida? Hay un costo para ser como Jesús. Casi todos queremos los *resultados*, pero no estamos dispuestos a pagar el *precio*. Cuando pide ser como Jesús, usted invita a la disciplina, a la corrección, al amasado y al moldeado. Si de veras lo quiere, deje de orar pidiendo una vida fácil, sin cargas, impedimentos ni desilusiones. Ore, sinceramente: «Haz *tu voluntad*». Sabiendo que esa es la voluntad de Dios para usted, sométase a Él. Lo que haga, será «de acuerdo con su propósito», y Su propósito es que día a día pueda parecerse más a su Salvador.

Si aprende este secreto, puede alabar a Dios en todo momento, en todo lugar y bajo cualquier circunstancia. Aprenda esta lección y podrá enfrentar toda condición y todo suceso en su vida con un «Alabado sea el Señor» y «Dios lo envió, así que debe ser bueno para mí». ¡Oh, qué gozo es saber que estamos en manos de Dios, con nuestras vidas, nuestros destinos, nuestras posesiones, nuestro todo!

Con tal entrega a Su voluntad viene la calma y la victoria que no depende del entorno sino que se basa en la bendita seguridad de que «Él hace que todo lo que nos suceda sea para nuestro bien». Dios puede utilizar con poder a los cristianos que se mantienen frescos en un entorno candente, dulces en un lugar amargo, grandes en un lugar aplastante y pequeños en un lugar grandioso.

A Pablo lo echaron en prisión y de ese calabozo surgieron algunas de sus epístolas más preciosas. Me alegro que Pablo no orara pidiéndole a Dios que abriera las puertas de la cárcel, como hizo en otra ocasión, y puedo imaginar que Pablo se sometió a la voluntad de Dios en este espíritu: «Dios, me has llamado a predicar y no puedo hacerlo en esta prisión, pero si este es el lugar donde quieres que esté, también yo quiero estar exactamente aquí». A Juan lo exilaron en Patmos y de su exilio llegó la revelación, el Apocalipsis. Si Juan hubiera sido como muchos de nosotros, sin duda se habría quejado contra Dios, clamando: «Ahora, ¿por qué tiene que pasarme esto, a mí? ¿Qué hice para merecer este trato? Dios, envía un barco de rescate. No tengo por qué pasar tiempo aquí, solo». Pero ¿no le alegra que Juan se sometiera a la voluntad de Dios? Gran parte de lo que sabemos del futuro y de nuestro hogar celestial, lo sabemos por la revelación del Apocalipsis. Asesinaron a Esteban, pero de su muerte vino la convicción de Saulo de Tarso. Echaron a John Bunyan en prisión y de esa prisión surgió *El Progreso del Peregrino*.

¿Está dispuesto?

Oramos y en ocasiones nos quejamos con las respuestas que Dios nos da. ¿Le ha pasado que ora: «Dios, aumenta mi fe»? Y luego se queja por la serie de cosas difíciles que Dios le envió. ¿Cómo esperaba que respondiera a su oración? No se me ocurre otra forma más que una prueba difícil que pudiera enviarle, o alguna experiencia angustiante en la que la fe se pone a prueba, al punto límite. Entonces, Él nos da más fe. ¿Ha pedido alguna vez: «Señor, haz que me mantenga humilde»? ¿Esperaba que Dios con una varita mágica le convirtiera en el gigante de la humildad, al instante? No. No es así como sucede. Dios le envió alguna experiencia humillante y así contestó su oración. Oramos: «Dios, acércame a ti», y como respuesta nos envía alguna pena o dolor que nos hace caer de rodillas en oración, y acudimos a Su Palabra buscando consejo. Oramos: «Purifícame», y nos envía el fuego que nos prueba y nos purifica.

Oramos: «Dame paciencia» y todo parece andar mal porque nos envía aflicciones, «las aflicciones... nos enseñan a tener paciencia» (Romanos 5.3).

Deje de orar por una vida fácil y entréguese de una vez por todas, ahora mismo, a Su voluntad, sabiendo que Su eterno propósito es «que sean como su Hijo» (Romanos 8.29).

Luego, por medio de la fe podemos anticipar el momento en que se haya completado la obra y seamos «...semejantes a él» (1 Juan 3.2). «Al igual que ahora hemos llevado la imagen de Adán, un día nos pareceremos a Cristo» (1 Corintios 15.47-49).

❖

No sino hasta que calle el telar
y deje de volar la lanzadera,
desenrollará Dios el telar
para explicarnos las razones y el por qué.
Los oscuros hilos son tan necesarios
en las manos hábiles del tejedor,
como los hilos de oro y plata,
en el diseño que Él ha planeado.

—Anónimo

❖

Puede ser feliz

La búsqueda de la felicidad es derecho inherente de todas las personas. Pero un derecho no implica ni garantiza la realidad. Es cierto que muchas personas han buscado la felicidad durante muchos años, sin llegar jamás a «alcanzarla». ¿Por qué? Dios quiere que seamos felices. Ha provisto con abundancia para nuestra felicidad, más allá de nuestras circunstancias.

Tal vez el problema esté en el contentamiento. Porque para ser felices tenemos que contentarnos, estar satisfechos con todo lo que tenemos y vivimos. ¡Eso también es posible! Si estudiamos con atención el salmo 37.1-11, encontraremos la bendita verdad de que uno puede ser feliz.

¿Tiene todo lo que su corazón anhela? ¿No? ¿Por qué? Dios quiere que lo tenga. Eso es posible: «Deléitate en el Señor. Así él te dará lo que tu corazón anhela» (v. 4). Pero hay un secreto sencillo. Domínelo y podrá tener todo lo que su corazón desee. Es cierto, aunque jamás haya habido época de mayor frustración, de crisis mentales y físicas, de hogares destruidos, de crímenes y codicia, como la que vivimos. La raíz de casi todo eso es el descontento, el buscar algo que no está a nuestro alcance, el esforzarnos por algo que está más allá de nuestra capacidad, el codiciar algo que está más allá de nuestros medios, o el desear algo que está más allá de la voluntad de Dios.

Nunca antes tuvimos tanto. Y nunca antes estuvimos menos satisfechos. Vemos que alguien tiene algo mejor y nos zambullimos en una loca carrera por obtenerlo. Parece que la gente se ha obsesionado con la idea de que la felicidad puede asegurarse con «cosas». Dios nos advierte: «Tengan cuidado y dejen toda avaricia. La vida de una persona no depende de las muchas cosas que posea» (Lucas 12.15). Somos una generación de «dispositivos» y «juguetes». Tenemos más cosas que las que tuvieron los de cualquier generación anterior y, sin embargo, tal vez tengamos menos contentamiento real. Cuantas más «cosas» poseemos, y cuanto más tiempo tenemos, pareciera que en consecuencia nos sentimos más frustrados. El ser humano no puede ser feliz ni contentarse mientras haya deseos insatisfechos. Para el cristiano es posible tener todo lo que su corazón desea, y con eso llega el contentamiento. Si no está contento, hay una razón. O quiere las cosas equivocadas, o quiere más de lo que Dios quiere que tenga. Tenemos una falsa idea de lo que es la felicidad.

¿Qué es la felicidad?

Recuerdo a una señora muy enferma, que estaba en el hospital. Había estado padeciendo durante mucho tiempo y solo parecía mejorar muy lentamente. Decía: «Si pudiera estar bien sería la mujer más feliz del mundo». Esa era su idea de lo que es la felicidad. Pero hay muchas personas sanas que no son felices. He conocido inválidos perfectamente felices y contentos.

Había un niño inválido, un muchachito muy inteligente, que estaba en el pabellón de traumatología de un hospital de Lincoln, Nebraska. Miraba con tristeza por la ventana y veía a otros chicos jugando en la calle. Él decía: «Si pudiera tan solo caminar, sería el niño más feliz del mundo». Ahora, *usted* que puede caminar, ¿qué es lo que *le* da felicidad?

Una mujer se sometió a una cirugía ocular. El resultado de la operación todavía no se sabía. El médico le quitó lentamente las vendas y en ese momento de suspenso la mujer exclamó: «Si sólo puedo ver, seré muy feliz». Pero, ¿es que la vista es el fundamento de la felicidad? El hombre que se suicidó saltando del puente de la Bahía de San Francisco podía ver pero, aparentemente, su capacidad de ver no le producía contentamiento.

Hablé con un hombre que había perdido su empleo. Ya había consumido sus pocos ahorros y las cuentas seguían llegándole. Su familia comenzó a pasar necesidad. Mientras contaba cuál era su problema, dijo: «Si tuviera algo de dinero, un poco nada más, como para comprar lo básico, sería feliz». Pero, ¿es el dinero el secreto de la felicidad? Muchas de las personas más ricas se cuentan entre las más infelices. Tal vez, los ricos pasan más tiempo con el siquiatra que los demás.

El hombre desempleado decía: «Si tuviera un empleo sería feliz». Pero ¿es el trabajo el secreto de la felicidad? La mayoría de las personas tienen trabajo, un buen empleo tal vez, pero eso no les produce contentamiento.

Una muchacha soltera me dijo: «Si tuviera marido sería feliz». Aparentemente tampoco es este el secreto de la felicidad. Hay miles de mujeres que tienen marido pero que parecen pensar que si el juez les permitiera romper el vínculo matrimonial, serían felices. Hay muchos maridos que desearían separarse de sus esposas. El matrimonio en sí mismo, ¿asegura la felicidad?

La idea en general parece ser que si conseguimos lo que no tenemos, seremos felices. Esa es la base del problema del descontento, de la frustración y la infelicidad: querer más de lo que tenemos, sea dinero, posesiones, posición, salud o logros.

¿Cómo puedo ser feliz?

Hay una única solución posible, un solo camino a la felicidad y al contentamiento. Es tener todo lo que su corazón desee. Quiero repetir que es posible. Dios dice: «Confía en que él te ayudará a realizarlo, y él lo hará» (Salmo 37.5).

Como ve, el secreto está en lo que desee: «Él te dará lo que tu corazón anhela» (Salmo 37.4). Ahora, vea el problema de este modo:

- Primero, ha de ver que Dios Padre le ama y quiere lo mejor para usted porque le pertenece. La compañía lechera tiene «vacas contentas» porque dicen que la vaca contenta da más leche y de mejor calidad. Dios quiere hijos contentos porque los hijos contentos producen más y mejor fruto para Su gloria.
- Segundo, recuerde que Dios se ocupa del futuro. Por lo general, nosotros sólo pensamos en el presente.

Lea esto una vez más. No dice que Dios le dará todas las «cosas» que desee, sino que le dará las peticiones de su corazón.

Su tonto corazón tal vez desee algo que podría dañarle, Él le ama demasiado como para permitirlo.

Su egoísta corazón tal vez desee algo que podría arruinarle la vida, pero Su sabiduría no le otorgará tal pedido.

Su corazón carnal tal vez desee algo que podría destruir su vida espiritual, impidiendo su crecimiento. Su amor no lo permitirá.

Su codicioso corazón tal vez desee algo que le convertiría en mendigo espiritual. Su corazón de Padre celestial no puede permitir algo así.

Su corazón egocéntrico tal vez desee algo que rompería su comunión con Dios, por lo que Su perfecto amor no puede otorgárselo.

Su corazón ciego tal vez desee algo para el presente que podría ser una maldición para usted en el futuro. Él, que puede «predecir lo que va a suceder» (Isaías 46.10) debe decir que no.

Cuando no tenemos lo que deseamos, es que hay algo mal en ello. Pedimos cosas que podrían dañarnos. Dios nos promete en el Salmo 84.11 que no se nos mezquinará «Ningún bien se les negará a quienes hagan lo que es justo». Eso es cierto, pero aun así, si hemos de tener contentamiento, debemos tener todo lo que deseemos.

¡Aquí está la clave!

«Sí él te dará lo que tu corazón anhela» (Salmo 37.4). Esto significa que Dios pondrá en su corazón el deseo de aquello que quiere que usted tenga. Y recuerde... Él quiere que tenga lo mejor para su vida. Cuando Él es quien pone el deseo en su corazón, puede saber con certeza que lo que desea es Su voluntad. Entonces, y sólo entonces, puede tener todo lo que desee. Cuando lo pida, Él —que puso el deseo en su corazón—, se agrada al otorgárselo. ¿Puede imaginar algo más dulce, más elevado, mejor que eso? Sí, el contentamiento perfecto. La perfecta felicidad.

Es posible que diga: «¿Y cómo hago para que Dios ponga los deseos correctos en mi corazón?» Vea la primera parte de ese versículo: «Deléitate en el SEÑOR». Significa que uno encuentra su placer en Dios. El corazón que se deleita en el Señor encuentra en Él su verdadero gozo.

Si nos deleitamos (encontramos gozo), en «cosas», como posesiones, posición y demás, el resultado será siempre la frustración y la infelicidad. «Deléitate en el SEÑOR» significa que uno encuentra su gozo en Él. Eso produce felicidad, paz y contentamiento.

Deléitate en Su «favor»
(Deuteronomio 33.23).
Deléitate en Su «voluntad»
(Efesios 6.6).
Deléitate en Su «servicio»
(Isaías 41.9).
Deléitate en Su «persona»
(Salmo 37.4).
Deléitate en Su «presencia» (comunión)
(Salmo 16.11).
Deberíamos ocuparnos con Él.

Ah, pero hay tan pocas personas que se «deleitan en el Señor».

Pablo nos lo dice así: «... Cristo es todo y está en todos» (Colosenses 3.11).

Está en Él

«Deléitate en el SEÑOR. Así él te dará lo que tu corazón anhela» (Salmo 37.4).

«... Cristo es todo y está en todos» (Colosenses 3.11). Este es el secreto para una vida feliz, el secreto del contentamiento. Entonces, estoy tan cerca de Él que sólo quiero Su voluntad para mi vida. Él pone en mi corazón el deseo de lo que será para mi bien y para Su gloria. Entonces puedo obtener todo lo que mi corazón desea. ¿Necesita prueba de ello? Está en el Salmo 37.23: *«él se deleita en cada paso que dan»*.

«Deléitate en el SEÑOR».

Esta es la cura para la angustia. «No se angustien». Angustiarse es preocuparse, protestar, quejarse. «No se angustien» significa «no se acaloren».

¿Por qué nos quejamos y preocupamos? Casi siempre porque queremos algo que no tenemos y que otros sí tienen. Veámoslo desde este ángulo: Spurgeon declaró: «¿Quién envidia al toro atrapado en sus cintas y guirnaldas cuando este es llevado al matadero?» Por eso Dios dice: «Ni envidies a los que hacen mal» (v. 1). No se queje porque otros tengan más que usted... y no los envidie. Son como el toro engordado que va al matadero. La cura para la queja y la preocupación es el contentamiento. ¿Cómo? Deleitándose en el Señor. No desee lo que otros tienen. Usted lo tiene a Él. «Deléitate en el Señor».

Ese es el secreto de la confianza (v. 3). «Confía en el Señor». El agricultor siembra y cultiva, y luego deja el resto en manos de Dios. ¿Qué más podría hacer? No puede producir sol ni lluvia. También nosotros tenemos que dejar los resultados en manos de Dios. Puedo confiar completamente en Él si deseo sólo lo que Él quiere. «Deléitate en el Señor».

Este es el resultado de la entrega (v. 5). «Encomienda al Señor todo cuanto haces, confía en que él te ayudará a realizarlo, y él lo hará». «Encomendar» implica entregarle su ansiedad a Dios. Es decir: «Si no es tu voluntad, entonces no lo quiero». «Deléitate en el Señor».

Lo que quiera hacer y no puede hacerlo, lo que quiere tener y no puede tenerlo, lo que quiere ser y no puede serlo, se convierte en una carga que le lleva a la frustración y la amargura. Entrégueselo todo a Él. Ríndase a Dios. Ponga sus asuntos en Sus manos. Me entrego por completo a Dios y entonces Su voluntad se convierte en mi único deseo y, por eso, puedo tener todo lo que mi corazón desee.

«Deléitate en el SEÑOR».

Esta es la base de la paz «Reposa en el SEÑOR» (v. 7). Reposar implica «estarse quieto». Cuando descansamos en Él no nos preocupamos, ni perturbamos. Estamos contentos.

El doctor Morsey decía: «Hay un pasajero en un enorme transatlántico, que se acuesta en una reposera de la cubierta y descansa. Las grandes máquinas y enormes hélices le llevan por el océano. Cuando llega un amigo le dice: "¿Cómo llegaste?", y él puede responder con toda sinceridad: "Descansando". ¿Tuvo que esforzarse? ¿Tuvo que preocuparse? ¿Tuvo que angustiarse? No. Sólo descansó y confió en que el barco lo llevaría al otro lado».

¿Tiene algún problema? Entrégueselo a Dios. Descanse en Él. Y cuando alguien le pregunte: «¿Qué estás haciendo al respecto?», podrá decirle: «No estoy haciendo nada. Lo está haciendo Aquel que es perfectamente capaz. Yo reposo en Él». Cualquier cosa que sea menos que eso, no es fe. Pero recuerde que es este un deseo que Él tiene que poner en su corazón.

«Deléitate en el SEÑOR».

Esta es la base de la exoneración (v. 6): «tu justicia resplandecerá...» Estése quieto y Él limpiará al que ha sufrido insulto. Podemos estar seguros de que si ponemos la mirada en Su honor, Él verá el nuestro. ¿Le han malinterpretado, ofendido, insultado, acusado falsamente? Deléitese en su Salvador. Repose en Él y su «justicia resplandecerá...» Por lo general no sirve de mucho intentar justificarnos cuando nos acusan falsamente. Se ha dicho que «tus enemigos no creen en tu defensa y tus amigos no la necesitan». El esfuerzo apenas le producirá más ansiedad, preocupación, angustia. Simplemente, descanse en Él y su «justicia resplandecerá...» Léalo de este modo: «Deleita tu ser en el Señor». Después de todo, es nuestro ser lo que ha sufrido insultos y ofensas.

«Deléitate en el SEÑOR».

Esta es la cura para la ira (v. 8). «¡Deja el enojo! Aparta la ira». El sicólogo nos dice que la ira es un mecanismo de defensa que suele basarse en el hecho de que nos sentimos inseguros en la posición que hemos tomado. Tal vez, la única forma de alejarnos de la ira es deleitándonos en Dios. Entréguele su posición y su reputación. Por lo general podemos ver el «propio ser» en los demás y eso añade a nuestro descontento. «Tiene tanto "orgullo propio" y sin embargo le va tan bien con todos... ¿cómo puede ser?» Ocupémonos de que nuestro deleite esté en el Señor.

«Deléitate en el SEÑOR».

Esta es la clave de la paciencia. «Reposa en el SEÑOR» (v. 7). Esperar forma parte del descanzo. Entréguese y entréguele a Dios su problema. Verá, ahora es asunto de Dios. No se preocupe ni se angustie. Él puede. Sólo espere. Su reloj no está necesariamente sincronizado con el de usted. Y como no ve lo que Él está haciendo, no piense que Dios no esté obrando para su bien. Esperar es una prueba de fe. No le entregue a Dios las cosas para luego impacientarse, intentando quitárselo de la mano para hacerlo por su propia cuenta.

No sólo espere (no podemos evitar la espera), «Reposa en él» (v. 7). He visto a muchos que esperan con impaciencia. Y como a veces no esperamos con paciencia, Dios es quien nos espera a nosotros. No tiene que esperar para empezar a deleitarse en Él. Ni tiene que esperar para tener todo lo que desea porque «Él lo hará» (v. 5). Esto es expresado en tiempo presente. Dios comienza cuando nosotros nos entregamos a Él. Comienza de inmediato. «Compromiso», «descanso», «confianza», «deleite», no hablo de una vida de indolencia, sino del mayor incentivo para la vida cristiana dinámicamente activa, sincera, en serio y ambiciosa. Saber que tendrá todo lo que desee su corazón, que eso es posible y que es Su voluntad para su vida, eso es gozo. Eso es deleite. Esa es la verdadera victoria cristiana. Caminar tan cerca de Él, tan entregados a Él, que Él pueda susurrar: «Éste es el camino, caminen por aquí» (Isaías 30.21). La felicidad y el contentamiento son posibles para usted ya que su corazón desea solamente Su voluntad para usted. Quien le dio el deseo es capaz de otorgárselo. «Deléitate en el Señor. Así él te dará lo que tu corazón anhela» (Salmo 37.4).

La vida cristiana

❖

Cualquiera sea su pensamiento, en gozo y en pena,
no piense en nada que no quiera que Jesús conozca.
Cualquiera sea su dicho, en susurro o en voz clara,
no diga nada que no quiera que Jesús oiga.
Cualquiera sea su canto en medio de su alegría,
no cante nada que desagrade al oído de Dios.
Cualquiera sea su escrito, con afán o en ocio,
no escriba nada que no quiera que Jesús lea.
Cualquiera sea su lectura, por seductora que
sea la página,
no lea nada a menos que tenga plena seguridad
de que no se verá consternado si Cristo
dijera, solemne:
«Muéstrame ese libro».
Dondequiera que vaya, no vaya donde tema que
Dios pudiera
preguntarle: «¿Qué haces aquí?»

❖

«¿No saben que el cuerpo es templo del Espíritu Santo, que Dios les dio, y que el Espíritu habita en ustedes? Ustedes no son sus propios dueños, porque Dios nos compró a gran precio. Por tanto, honren con su cuerpo a Dios» (1 Corintios 6.19-20).